# Yo pue

por Josh Murphy

Scott Foresman
is an imprint of

PEARSON

Glenview, Illinois • Boston, Massachusetts • Chandler, Arizona
Upper Saddle River, New Jersey

ISBN 13: 978-0-328-47427-1
ISBN 10: 0-328-47427-4



2 3 4 5 6 7 8 9 10 V010 18 17 16 15 14 13 12 11 10

Yo puedo leer este nombre.

Yo puedo leer esta letra.

Yo puedo leer esta palabra.

Yo puedo leer esta oración.

Yo puedo leer esta página.

Yo puedo leer este libro.